ÉLOGE

DE

M. L. DE SAGET,

Prononcé le 14 Décembre 1850,

A LA RENTRÉE DES CONFÉRENCES,

PAR M. CHARLES PETIT,

Avocat à la Cour d'Appel de Bordeaux.

BORDEAUX,

IMPRIMERIE DE JUSTIN DUPUY ET COMPAGNIE,

Rue de la Devise, 12.

1850
1851

ÉLOGE

DE

M. L. DE SAGET,

Prononcé le 14 décembre 1850,

A LA RENTRÉE DES CONFÉRENCES,

PAR M. CHARLES PETIT,

AVOCAT A LA COUR D'APPEL DE BORDEAUX.

MESSIEURS,

Il est des êtres privilégiés auxquels la nature prodigue tous ses dons : intelligence, esprit, génie même ; et si, parmi eux, quelques-uns mettent leurs facultés au service des plus mauvaises passions, il en est heureusement assez d'autres qui, par un noble usage, en rehaussent l'éclat.

Ce qui fera à jamais la gloire de l'ancien barreau de Bordeaux, c'est d'avoir produit des hommes éminens par le talent et l'étendue des connaissances, et en même temps par l'élévation du cœur et la loyauté du caractère. Desèze, Brochon, Ravez, Ferrère, Laîné, Martignac, de Saget, quels plus grands noms ! quelles renommées plus pures ! Vit-on jamais plus de science et de mérite unis à plus de droiture et de désintéressement ?

La mémoire de ces hommes d'élite ne saurait périr dans notre Ordre. Nous devons être jaloux de la perpétuer dans l'avenir ; nous devons être jaloux surtout de continuer les glorieuses traditions qu'ils nous ont léguées, et de les transmettre à notre tour comme un précieux héritage à ceux qui viendront après nous.

Le Conseil de discipline de l'Ordre m'a confié l'honorable et périlleuse mission de vous entretenir, dans cette solennité de famille, de M. de Saget. Comment ne pas sentir toute la grandeur et la difficulté d'un pareil sujet ! Faire l'éloge de M. de Saget, n'est-ce pas, en effet, faire l'éloge du barreau de Bordeaux, dont il a été l'une des personnifications les plus éclatantes dans ses plus beaux jours !

Louis-Marie-Joseph de Saget est né à Toulouse le 19 mars 1778. Son père, fils d'un avocat-général au parlement de Toulouse et d'une demoiselle Cambolas, de la famille du célèbre arrêtiste, est l'auteur des travaux qui ont été exécutés dans la province du Languedoc de 1750 à 1782. C'est à M. de Saget père qu'on doit notamment le canal de Brienne à Toulouse, qui aujourd'hui sert de tête au canal latéral de la Garonne.

M. de Saget père avait épousé Mlle de Marquier-Fajac, fille d'une demoiselle de Levis et sœur du président Fajac, condamné à mort en 1794, comme parlementaire, par le tribunal révolutionnaire de Paris. Il mourut en 1782 laissant quatre enfans en bas âge : le second de ces enfans était Louis-Marie-Joseph de Saget.

Louis de Saget fut admis en 1786, en qualité d'élève du roi, à l'école militaire de la Flèche. Après cinq années de fortes études dans cette école célèbre, il passa, en 1791, à Brienne où se trouvait l'école spéciale du génie militaire et de l'artillerie. En traversant Paris pour se rendre à Brienne, Louis de Saget y rencontra un de ses anciens camarades de la Flèche, pour lequel il a conservé toute sa vie une amitié vraiment fraternelle, le jeune Bertrand, qui, à cette époque, se destinait à la carrière du barreau et faisait ses études de droit. Etrange destinée des hommes ! L'étudiant en droit est devenu un illustre général, dont le nom glorieux sera toujours l'emblême de la fidélité au malheur, et l'élève de Brienne un de nos plus célèbres avocats.

Louis de Saget ne resta pas longtemps à Brienne. Au mois d'octobre 1793, les élèves de cette école ayant été renvoyés dans leurs familles, il vint rejoindre sa mère à Toulouse, et, sous sa direction, se livra à des études sérieuses qui développèrent en lui le goût de la littérature et du travail. A la mort de sa mère qui arriva en 1796, Louis de Saget quitta la France pour l'Espagne, et prit du service dans les gardes Wallonnes à Madrid.

Le séjour en Espagne de Louis de Saget ne fut pas de

longue durée. En 1798, il rentra en France sous les auspices du général Pérignon, et vint s'établir à Bordeaux, où il a passé le reste de sa vie.

A cette époque, les hommes les plus distingués de Bordeaux se réunissaient dans les salons de Mme Latapie, dont le mari avait été l'ami et le secrétaire de Montesquieu. Admis dans la société de Mme Latapie, Louis de Saget ne tarda pas à se faire remarquer par la pénétration de son jugement et par le charme de sa conversation. Mme Latapie devina en lui l'homme d'élite, et lui vouant une affection toute maternelle, elle s'efforça d'exciter dans son âme l'amour du travail. M. Rateau, depuis procureur-général prés la Cour Royale de Bordeaux, seconda Mme Latapie dans ses efforts ; il engagea vivement Louis de Saget à étudier la langue grecque, qu'il avait négligée jusqu'alors. Les progrès de Louis de Saget dans cette langue furent si rapides, que dans le court espace de trois mois il avait déjà traduit l'Iliade et l'Odyssée d'Homère. Ce fut alors que M. Rateau, frappé d'une intelligence aussi supérieure, conseilla à Louis de Saget l'étude du droit. Sur ce conseil et sur les instances de Mme Latapie et d'une femme (1) dont le nom illustre entre tous sera à jamais conservé par l'histoire, Louis de Saget se décida à embrasser une profession vers laquelle un instinct naturel l'entraînait. Après sept mois de patientes études, il se présenta à la barre : sa première plaidoirie assura pour toujours sa réputation.

(1) Mme Desèze.

Certes, il fallait être doué d'un immense talent pour se faire une place à côté des Ravez, des Ferrère, des Laîné, de ces illustres orateurs qu'il semblait alors ne devoir être donné à personne de surpasser ni même d'égaler ; et cependant, tant était grand son mérite, M. de Saget se fit remarquer même à leur côté par des qualités différentes. Il n'avait ni la science ni la haute raison de Ravez, ni l'éloquence mélancolique et passionnée de Ferrère, ni la noblesse de formes et de langage de Laîné ; mais il avait, plus qu'aucun d'eux, une imagination vive et ardente et une conception rapide qui lui permettait d'embrasser l'affaire la plus vaste d'un seul coup-d'œil.

C'était un beau temps pour notre barreau que celui où des athlètes aussi puissans descendaient dans l'arène judiciaire. La foule accourait nombreuse à chacune de leurs luttes. Il n'y avait pas de causes indifférentes pour des hommes de cette portée ; les plus petites affaires grandissaient sous leur parole. L'attention publique était concentrée tout entière sur ces illustres représentans du barreau.

Les premières causes que plaida M. de Saget furent pour lui l'occasion de brillants succès. Mon intention n'est pas de les indiquer une à une. Dans un champ aussi riche et aussi fertile, il est permis de ne pas tout cueillir.

Qu'il me suffise de dire que M. de Saget a plaidé dans la plupart des grandes affaires du commencement de ce siècle. On le voit notamment, en 1804, s'opposer, au nom de Mme **Laclotte**, à la demande en divorce formée contre elle, pour cause d'adultère, par M. Marcellin Laclotte, son mari. Dans cette cause, qui eut un immense retentissement, M. Lainé plaidait pour M. Marcellin Laclotte. On ne saurait mieux louer M. de Saget qu'en disant qu'il fut digne d'un pareil adversaire.

La péroraison du plaidoyer que prononça, à cette occasion, M. de Saget, devant l'une des sections de la Cour d'appel de Bordeaux, est fort belle. Il reprochait à M. Laclotte de sacrifier à sa haine conjugale trois enfants issus d'une union heureuse pendant longtemps. « Et c'est » vous, lui disait-il, que la nature appelait à les dé- » fendre, c'est vous qui les marquez aujourd'hui du sceau » de l'ignominie ! Aveugle dans vos ressentiments, ban- » nissez, je le veux, tout sentiment d'époux ; mais ceux » de père, le dépouillerez-vous aussi? Mais les funestes » présages de la honte que vous préparez à vos filles, les » arracherez-vous aussi de votre âme inaccessible à la » pitié? Au seul nom d'*adultère,* leur cœur sera flétri ; » elles découvriront, sur les lèvres de leurs concitoyens , » le froid sourire du dédain : le fils de l'étranger, qui » seul aspirerait peut-être à leur main, verra leur trou- » ble; il se fera raconter leurs douleurs et s'éloignera » d'elles en gémissant. Ainsi, leur vie entière sera em- » poisonnée ; les jours de leur jeunesse s'écouleront sans » charmes, et leurs joies seront amères, parce que vôtre » haine aura été implacable ! »

Le nom de M. de Saget se trouve encore mêlé à une

affaire qui, vers la même époque, préoccupa vivement l'attention publique : je veux parler du procès soutenu par Pierre Ramadou contre les sieurs Marcellin Laclotte et Pierre-Joseph Lamarque. Ce procès amena un incident que je ne dois point passer sous silence, parce qu'il montre tout ce qu'il y avait alors d'esprit de corps, de noble dignité et de confraternité dans notre Ordre.

M. de Peyronnet, qui avait publié dans cette affaire, contre MM. Laclotte et Lamarque, un Mémoire écrit avec la vigueur et la mâle énergie qui étaient les caractères principaux de son talent, avait été insulté dans un libelle imprimé, distribué avec profusion par M. Lamarque. Dès que M. Lainé, l'avocat de MM. Laclotte et Lamarque, eut connaissance de ce libelle, il écrivit à M. de Peyronnet la lettre suivante, que je transcris textuellement :

« Je reçois à l'instant, mon cher Peyronnet, une lettre
» imprimée, à mon adresse, et mon premier mouvement
» est de vous exprimer l'affliction que j'éprouve des in-
» jures répréhensibles qui vous sont prodiguées. Elles ne
» sont pas excusées par l'égarement où votre Mémoire a
» jeté M. Lamarque ; vous devez, mon cher confrère,
» en être affecté moins que moi, et je vais me plaindre,
» avec la fermeté qui me convient, d'un outrage fait à un
» confrère que j'aime, que tout le barreau estime, et qui
» honore sa profession.

    » Salut et amitié.   *Signé* LAINÉ.

    » Dimanche 8 floréal. »

M. Lainé se plaignit en effet de l'outrage fait à M. de Peyronnet ; le barreau s'en émut, et crut devoir témoigner à son tour à M. de Peyronnet son indignation , d'abord pour l'injure qui lui était adressée , son estime, ensuite , pour son noble caractère.

Voici les termes de la lettre écrite à M. de Peyronnet par l'Ordre entier des avocats :

« Bordeaux , le 9 floréal an XIII.

» Monsieur et cher confrère ,

» Nous apprenons à l'instant qu'on a répandu , avec la
» plus grande profusion , un libelle diffamatoire, où l'on
« essaie de vous compromettre. Après en avoir pris con-
» naissance , nous avons cru devoir à vos qualités person-
» nelles et au lien de confraternité qui nous unit , de saisir
» cette occasion de vous donner un témoignage spontané
» de notre estime. Nous n'entrerons pas dans l'examen
» des motifs qui peuvent avoir servi de prétexte à cette
» atroce diffamation ; ils nous sont inconnus , et d'autres
» sont appelés à les juger. Mais nous avons vu avec indi-
» gnation la distinction que l'on voudrait établir dans cet
» écrit entre vous et vos confrères. Nous honorons en
» vous l'homme probe et délicat ; nous vous comptons au
» nombre de ceux qui se distinguent , par des talents et
» des vertus , dans la carrière du barreau. C'est avec dou-
» leur que nous avons remarqué l'abus qu'on a fait du nom

» d'un de nos plus estimables confrères, dont on s'est
» servi, à son insu, pour en faire, en quelque sorte, le
» passeport de la calomnie. Nous désirons, Monsieur, que
» cette expression de nos sentiments unanimes adoucisse
» pour vous ce que l'atteinte de la méchanceté peut avoir
» d'amer.

» Recevez l'assurance de notre estime et de notre
» amitié.

> » *Signés :* BROCHON père, DURANTEAU père,
> » MARTIGNAC père, BUHAN aîné,
> » DÉNUCÉ, BUHAN jeune, AL-
> » BESPY, EMÉRIGON, RAVEZ, ROUL-
> » LET, MARTIGNAC fils, FERRÈRE,
> » SAGET, DURANTEAU fils, DÉ-
> » GRANGE-TOUZIN, CASSAIGNES. »

C'est là un acte honorable auquel M. de Saget a pris part
avec tous ses confrères. — Noble exemple de dignité et
de confraternité que, dans des circonstances semblables,
nous devrions être heureux et fiers d'imiter ! — Mais plus
heureux et plus fiers devront être ceux qui, dans le cours
de leur carrière, auront reçu de l'ordre entier un témoignage aussi flatteur d'affection et d'estime !

En 1811, M. de Saget quitta pour un instant le barreau, et fut appelé à exercer les fonctions d'avocat général près la Cour impériale de Bordeaux. Sur le siége du

ministère public, comme à la barre, il se fit distinguer par l'éclat de la parole' et la rectitude du jugement. Ses conclusions, dans les affaires civiles, étaient remarquables. Grâce à sa merveilleuse intelligence, il trouvait moyen de présenter la cause sous un jour nouveau, et de lui donner de l'intérêt, même après les plaidoiries des premiers avocats d'alors.

M. de Saget était encore avocat-général lorsque l'une des gloires du barreau, Ferrère, s'éteignit dans toute la force du talent et de l'âge. Ferrère avait été pour lui plein de bienveillance et de bonté ; il l'avait d'abord admis comme secrétaire auprès de lui ; puis il avait guidé et encouragé ses premiers pas dans la carrière du barreau. M. de Saget ressentit vivement la perte de ce grand orateur, de ce guide bienveillant, de cet ami précieux. Il publia, dans un journal de Bordeaux, une notice sur M. Ferrère, où l'on trouve, à côté d'une appréciation remarquable du talent et du caractère de l'avocat, des lignes empreintes d'une douleur profondément sentie :

» ..... Je n'ai pu le voir, dit-il, à ses derniers mo-
» mens. Se dérobant aux affections douloureuses, il n'a
» admis auprès de lui que ses parents et a refusé de rece-
» voir ceux qui lui devaient de la reconnaissance pour ses
» bienfaits ou de l'amitié pour son amitié : il a eu raison,
» ses derniers jours eussent été trop pleins.

» J'ai voulu du moins lui rendre les derniers devoirs.
» Beaucoup y ont assisté ; les uns en avaient reçu des con-

» seils salutaires et de nobles encouragements qui ne fu-
» rent pas perdus ; d'autres lui devaient leur état et leur
» fortune ; quelques-uns, plus encore, un lien qui fait le
» charme et la douceur de la vie.....

» J'ai prié près de lui ; et moi qui, si souvent, allais le
» matin, avant l'heure du public, recueillir ses conseils
» ou m'entretenir familièremeut avec lui, je n'ai pu re-
» tenir mes larmes, et mon faible cœur s'est brisé quand
» le prêtre, qui présentait à Dieu ce corps inanimé, a
» prononcé ces paroles si simples et si déchirantes : *Et
» ecce ego in pulvere dormio et si quis mane me quæsierit
» non suscitam.*

» Je l'ai suivi à sa dernière demeure : parmi cette
» foule d'hommes de toutes les classes qui l'accompa-
» gnaient, il y avait des pères, des frères, des époux
» dont les enfants, les frères, les femmes reposaient dans
» cette allée de deuil que nous avons traversée. Alors de
» pénibles sentiments se sont réveillés, des larmes ont
» coulé qui n'étaient pas toutes pour le nouveau venu dans
« cette funèbre enceinte. Ce mélange de vieilles douleurs
» et de l'affliction présente, ces pleurs que confondaient
» le parent et l'ami dans un même souvenir, tout cela
» navrait l'âme, déjà préparée à de tristes émotions.....

» Une voix éloquente s'est fait entendre sur le bord de
» sa tombe ; elle a parlé de ses talents, elle a rappelé ses
» vertus, elle a attesté sa bienfaisance, et à ce souvenir
» des pleurs universels se sont mêlés à cette belle parole ;

» et ces pleurs je ne les ai pas vus, je ne pouvais les voir,
» mais j'ai entendu les sanglots. »

Qu'ajouter à des lignes si touchantes? Est-il possible,
en face d'une tombe à peine fermée, au milieu du deuil
général d'une cité, de faire entendre un langage plus noble et plus élevé !

En 1816, M. de Saget revint au barreau dans toute la
maturité de son talent : aussi est-ce l'époque la plus glorieuse de sa vie. De 1816 à 1825, il règne, on peut le
dire, au Palais. Questions civiles, questions commercia-
les, il traite tout avec une égale supériorité. On est étonné
des ressources infinies d'habileté et de science qu'il dé-
ploie. Ses adversaires ont changé : Ferrère est mort,
MM. Ravez et Lainé ont quitté le barreau pour les affaires publiques. En face de lui, pour le combattre, se présente une nouvelle génération ; c'est M. Duranteau,
homme d'érudition et de science ; c'est M. de Martignac,
esprit fin et délicat, nature poétique, « dont l'éloquence
» avait la douceur et l'harmonie d'une lyre; » c'est
M. Louis Brochon, l'homme aux aperçus hardis, à la
vive pénétration, qui possédait à un si haut degré la langue du droit; c'est enfin, j'allais le nommer, cet avocat plein d'aménité (1) qui a laissé à nos anciens le souvenir
d'un si doux et si bienveillant patronage, et qui semble le
recommencer pour nous en assistant à cette fête de famille; intelligence d'élite, l'adversaire le plus redoutable

(1) M. Barennes.

de M. de Saget dans les questions de droit maritime, sur lesquelles ils versaient l'un et l'autre les flots inépuisables d'une science qui avait toujours été leur étude de prédilection. Avec une réunion de si rares talents, le barreau de Bordeaux semblait renaître à ses plus beaux jours.

M. de Saget brillait, au milieu de cette glorieuse phalange, de tout l'éclat de ses qualités. Ai-je besoin, à vous qui l'avez entendu si souvent, de dire tout ce qu'il y avait de puissance dans sa voix, de noblesse dans son geste, de dignité mâle dans sa physionomie, de séduction et de charme dans sa diction ? Ses récits de faits étaient d'une simplicité et d'une clarté sans égale, sa discussion était large, son argumentation serrée, son esprit fécond en aperçus, sa parole, toujours colorée, était incisive et nerveuse. Fort de la force de la logique et de la raison, il entraînait et il subjuguait.

C'était surtout dans la réplique que M. de Saget développait ses brillantes facultés. Homme d'improvisation, il étalait alors toutes les richesses de son admirable organisation. La vivacité de la lutte, loin de les affaiblir, ranimait ses forces ; son geste était plus beau, sa voix plus puissante, sa parole plus acérée, sa figure plus expressive. L'éclair brillait dans ses yeux ; impétueux, irrésistible, il se précipitait sur son adversaire et l'enlaçait dans les liens de fer de sa dialectique. C'était bien là l'orateur que nous peint Cicéron : « Il avait, en effet, un imagina- » tion et une âme susceptibles de mouvements rapides, » une vive et profonde pénétration pour trouver ce qu'il

» devait dire ; de la facilité et de l'abondance pour le dé-
» velopper et l'orner, des traits forts et brillants pour en
» laisser un long souvenir. » (1)

Les questions d'assurances étaient surtout familières à
M. de Saget. Il est à regretter que la mort ne lui ait pas
permis de mettre la dernière main à un travail qu'il pré-
parait sur cette importante matière. L'ouvrage qu'il vou-
lait publier sur les assurances aurait, sans nul doute, mé-
rité d'être lu et médité, même après les Traités de Vaslin
et d'Émérigon.

M. de Saget ne s'occupait pas seulement de questions
de droit et de jurisprudence ; son esprit infatigable avait
encore besoin d'autres alimens. Au milieu de ses occupa-
tions de tous les jours, M. de Saget trouvait du temps
pour se livrer à l'étude de l'histoire, de la littérature,
des arts et des sciences, et pour publier des articles remarquables, non seulement par le style, mais encore par
la justesse des aperçus et la profondeur des pensées. Je citerai ses articles sur l'ouvrage de Lemontey, *Essai sur
l'établissement monarchique de Louis XIV* (2) ; je citerai
encore les pages charmantes qu'il a publiées, sous le titre
de *Procès singulier ou Conversation entre un jeune igno-
rant et un vieux docteur en droit* (3).

Permettez-moi de vous faire connaître les premières li-

(1) *De Oratore*, lib. I, 25.
(2) Voir la *Ruche d'Aquitaine*, t. III, p. 283, 325, 363.
(3) Voir la *Ruche d'Aquitaine*, t. I, p. 433.

gnes de cette *Conversation*; elles sont écrites d'un style vif, léger, spirituel, grâcieux, et montrent sous un nouveau jour le talent de M. de Saget, qui consistait surtout dans la force et la puissance.

« Je suis né pacifique ; mon humeur est si peu liti-
» gieuse, que la vue d'une feuille de papier timbré me
» fait mal, et j'aurais vingt fois accédé aux demandes les
» plus injustes pour éviter des procès, sans les secours
» que je trouve dans les conseils d'un jurisconsulte, vieux
» ami de mon père, qui me soutient dans les cas difficiles,
» et me préserve des suites de ma faiblesse.

» Nous nous entretenons quelquefois de la nécessité
» d'étudier les lois, de connaître les ressources que fournit
» leur interprétation ; rien ne lui paraît admirable comme
» les systèmes ingénieux qui tendent à opposer le législa-
» teur à lui-même, et à mettre le magistrat dans l'im-
» puissance de décider ; c'est un véritable juge du camp.
» Jamais la lutte ne lui paraît si brillante que lorsque la
» victoire reste indécise.

» Je le trouvai l'autre jour dans l'admiration ; il était
» enchanté, ravi de la défense qu'avait opposée un magis-
» trat d'une Cour souveraine à l'accusation la plus grave.
» Il m'en fit part, en me permettant de lire, dans un
» énorme in-4°, un arrêt qu'il daigna m'expliquer ; et le
» fait, et la défense, et l'arrêt et les conséquences, tout
» m'a paru digne de remarque.

» Ce que j'en vais rapporter est extrait d'un gros vo-
» lume intitulé : *Recueil de Sirey*. Ce M. Sirey, à ce que
» m'apprit mon jurisconsulte, s'amuse dans ses soirées,
» pour se délasser des plaidoiries du matin, à noter et à
» rapporter les arrêts des Cours souveraines. Il en a publié
» successivement seize volumes in-4° de mille pages à peu
» près chacun ; cela ne fait, de bon compte, que seize
» mille pages, mais il faut un commencement à tout. »

En 1825, M. de Saget fùt obligé d'abandonner, pour cause de santé, la profession d'avocat qu'il avait tant aimée. Le Gouvernement, juste appréciateur de son mérite, le nomma, dans le courant même de l'année, président de Chambre à la Cour Royale de Bordeaux. Il n'entre pas dans le cadre de ce travail de montrer M. de Saget dans l'exercice de ces hautes fonctions. Je n'étudierai pas le président de la Cour comme j'ai étudié l'avocat. Je dirai seulement que magistrat, il sut ajouter à l'éclat de l'hermine dont il était revêtu par le zèle, la noblesse et la fermeté, et que la justice dans ses arrêts parla toujours un langage digne et élevé.

Mais le barreau n'avait pas perdu pour toujours M. de Saget. Après les évènemens de 1830, il résigna ses fonctions de président ; et, à l'exemple de M. Ravez, se retira dans le cabinet du jurisconsulte.

C'est ici le moment de parler de cette amitié si sainte qui a toujours uni ces deux hommes éminens et qui a été une si grande partie de la vie de M. de Saget. Cette amitié qui datait presque de leur entrée au barreau, devint plus étroite après 1830. Union vraiment touchante que celle qui rapprochait ainsi deux hommes si bien faits pour se comprendre ! Qui de vous ne les a vus avec une respectueuse admiration, pendant un intervalle de dix années, se livrer ensemble avec une noble émulation aux études les plus graves ! — Le public savait tout ce qu'il pouvait attendre des lumières de ces savans jurisconsultes. Aussi, tous, sans distinction de classes, sans distinction de parti, accouraient-ils en foule pour recueillir de leur bouche des conseils dictés par la justice. Leur maison était bien la maison dont parle Cicéron : *Domus jurisconsulti totius oraculum civitatis* (1). Ils étaient les oracles de la cité.

Vous savez le soin extrême qu'ils apportaient dans l'exercice de leur saint ministère ; vous savez que ces admirables consultations, fruit de leur collaboration, étaient préparées par des méditations sérieuses et par des discussions approfondies. Dans ces discussions, les qualités si différentes de M. de Saget et de M. Ravez, se complétaient mutuellement. M. de Saget avait plus de hardiesse dans l'esprit, M. Ravez plus de gravité et de science. L'intelligence de M. de Saget était vive, trop vive, dit-on ; l'intelligence de M. Ravez était plus patiente ; il avançait pas à pas ; mais guidé par les lumières d'une haute raison, il arrivait plus infailliblement à la vérité. M. de Saget était ardent, M. Ravez calme et froid ; il

______

(1) Cicéron, *de Oratore*, lib. I. xlv.

était souvent obligé de contenir l'impétuosité de son ami, et alors il lui disait, en souriant, ces paroles empreintes d'une si douce familiarité : « Pas si vite, pas si vite, mon cher Saget, vous n'avez pas encore mis *Vu* que vous êtes impatient d'écrire *Délibéré*. »

Le nombre des consultations rédigées par M. de Saget est considérable. Elles se font distinguer par une clarté remarquable, par une discussion puissante et par un langage simple et élégant. Sa méthode est celle des grands maîtres. Il pose d'abord le point de fait ; puis, le point de fait établi, il examine les questions de droit qu'il soulève, interrogeant les monuments de la jurisprudence et les opinions des auteurs, et les discutant avec autant de force que d'indépendance.

Je n'ai parlé jusqu'ici que de la vie publique de M. de Saget ; je dois dire un mot, pour être complet, de sa vie privée.

M. de Saget était d'un caractère doux et affable : ceux de nos confrères qui ont eu le bonheur de vivre dans son intimité et de travailler sous sa direction ne peuvent assez louer l'extrême bienveillance qu'il leur témoignait : il était pour eux ce qu'à une autre époque M. Ferrère avait été pour lui.

Mais ce qui faisait surtout dans la vie privée rechercher le commerce de M. de Saget, c'était sa conversation animée, dramatique, pittoresque, étincelante de verve et de

saillies. « Sa conversation était comme son talent extraor-
» dinaire, quelquefois éloquente et noble, souvent plai-
» sante, toujours originale. La mobilité de son imagina-
» tion lui fournissait des traits aussi piquans qu'inatten-
» dus. Il les laissait aller, il ne retenait rien, et on aurait
» pu lui rendre le lendemain comme nouveau un bon mot
» qui lui serait échappé la veille (1). »

Dirai-je maintenant combien il était charitable? Mais pourquoi soulever le voile dont il aimait à envelopper ses bonnes actions? Ne savons-nous pas tous que son plus grand bonheur était de venir au secours du malheur et de la misère et de faire le bien?

M. de Saget était religieux et chrétien; sa foi était vive. A cinquante ans il eut la pensée d'apprendre l'hébreu pour mieux étudier les vérités de la religion.

La mort vint ravir en 1840 M. de Saget à l'affection de ses amis et de ses confrères. Un long cri de deuil retentit à cette nouvelle dans toute la cité. La magistrature, le barreau, le commerce, les citoyens de toutes les classes, payèrent un tribut légitime de regrets à l'homme de savoir et de probité, et dans un saint recueillement l'accompagnèrent jusqu'à sa dernière demeure. C'était un spectacle bien touchant que celui qu'offrait la foule qui se pressait silencieuse à son convoi : mais rien n'était plus propre à attendrir les cœurs que la douleur navrante qui se pei-

______

(1) Notice de M. Ferrère.

gnait sur les traits de son vieil ami, de M. Ravez. A voir les pieuses larmes qui coulaient avec abondance de ses yeux, on sentait qu'en perdant M. de Saget, il perdait, pour me servir de l'expression du poëte, la moitié de lui-même, et l'on se rappelait la belle parole de Montaigne pleurant son La Boëtie : « *Nous étions à moitié de tout,* » *il me semble que je lui dérobe sa part.* »

Le barreau , après la cérémonie, se rendit auprès de M. Ravez pour lui exprimer ses regrets d'une perte qui lui était si sensible. M. Ravez fut vivement touché de cette démarche; il en remercia avec effusion ses confrères, leur disant que M. de Saget était pour lui non seulement un ami, mais un frère.

Telle nous apparaît, environnée d'une auréole de gloire, la grande figure de M. de Saget, l'un des derniers représentants de cet ancien barreau si riche en belles renommées.

Une ère nouvelle a commencé pour notre Ordre. Dans ces temps de fiévreuse inquiétude où les préoccupations politiques sont si vives, le public qui fait les orateurs semble s'être retiré du barreau. Ne devons-nous donc plus trouver, dans notre carrière, cette gloire qui couronnait les nobles efforts de nos prédécesseurs !... Mais au moins, à défaut de gloire, il est un but honorable, toujours digne de notre ambition : accomplissons religieusement les devoirs de notre profession, et nous trouverons dans l'estime des gens de bien la plus précieuse des récompenses.

———————